Mirjam Jasmin Strube

FLYNN
und das Spiel der Könige

Titel: Flynn und das Spiel der Könige
Autorin: Mirjam Jasmin Strube

Bibliografische Information der Deutschen Nationalbibliothek:
Die Deutsche Nationalbibliothek verzeichnet diese
Publikation in der Deutschen Nationalbibliografie;
detaillierte bibliografische Daten sind im Internet
über http://dnb.dnb.de abrufbar.

Die Illustrationen in diesem Buch wurden erstellt mit Canva

© 1. Auflage 2024 Mirjam Jasmin Strube

Lektorat: Christiane Streubel
Korrektorat: Thomas Streubel
Gestaltung: Diana Mazmanyan
Herstellung und Verlag: BoD – Books on Demand, Norderstedt

ISBN: 9783759759795

Herausgegeben von Mirjam Jasmin Strube
E-Mail: Mirjamjasminstrube@t-online.de
Kontakt: Mirjam Jasmin Strube
          Heesfeld 10
          38112 Braunschweig

Da saß er nun in seinem neuen Klassenraum.

Nervös schaute Flynn sich um. Langsam füllte sich der kleine Raum mit seinen Mitschülern. Bisher kannte er niemanden davon.

Traurig senkte Flynn den Blick. Wie gern wäre er wieder in seiner alten Klasse.

Warum musste ausgerechnet er in diesen kalten Räumen mit diesen fremden Gesichtern sitzen?

Er schaute zum Fenster hinaus. Der große Kastanienbaum vor dem Fenster bewegte seine Äste im Wind hin und her. Dieser Anblick erinnerte ihn an den vergangenen Sommer, als er sich mit Max und Marie auf den Weg gemacht hatte, um hinter das Geheimnis des rätselhaften Schreies auf der alten Burg im Wald zu kommen. Während die Erwachsenen lieber darüber spekulierten, was dahinterstecken könnte, hatten die drei Freunde ihren ganzen Mut zusammengenommen und liefen einfach los.

Als sie mit dem kleinen Schreihals, der für das rätselhafte Geräusch über der Stadt verantwortlich war, zurückkehrten, wurden sie wie Helden gefeiert.

Der Artikel aus der Tageszeitung, der Flynn, Max und Max vermutete, dass sie nur deshalb so gefeiert worden waren, weil die Erwachsenen vor Angst die Hosen voll gehabt hatten und nun erleichtert über die Aufklärung waren.

Außerdem wollten sie mit der ganzen Parade, wie Max das nannte, vermutlich nur davon ablenken, dass keiner von ihnen mutig genug gewesen war, um selbst zur Burg zu gehen. Die drei Freunde waren in diesem Sommer eng zusammengewachsen. Keiner dachte damals an den nahenden Schulwechsel, der die Freunde zumindest am Vormittag voneinander trennen würde.

Der war so weit weg wie der Mond von der Erde, bis zum heutigen Tag, seufzte Flynn.

In der alten Schule war alles viel kleiner und irgendwie auch wärmer. Herr Bergmann hatte immer so viel Wert auf einen gemütlichen Klassenraum gelegt. Gemeinsam hatten sie die Wände mit bunten Bildern dekoriert, die Fenster schmückten je nach Jahreszeit bunte Schmetterlinge oder Wichtelmützchen. In der Fensterbank standen kleine Töpfchen mit Pflanzen, um die sich die Schüler liebevoll kümmerten. Und hier? Hier starrten ihn nur kahle graue Wände an.

Auf dem Weg in seine neue Klasse waren Flynn bereits ein paar Schüler der neuen Schule über den Weg gelaufen. Einige von ihnen wirkten so erwachsen und doch waren auch sie Schüler dieser Schule.

Flynn spürte ein Zwicken in seinem Bauch. Vermutlich hatte es sich dort jetzt ein hässliches Gedankenmonster gemütlich gemacht und

stampfte mit seinen stinkigen Käsefüßen herum
wie Rumpelstilzchen. Flynn wollte sich gerade ein
Wolkentaxi bestellen, um den kleinen Störenfried auf
Nimmerwiedersehen hinfort zu pusten, als seine neue
Lehrerin die Klasse betrat.

Flynn traute seinen Augen nicht. Frau Bärwinske
trug eine lustige, bunte Latzhose mit Smiley.

Ihre Haare waren kurz und wuschelig; sie wirkte wie ein großes Kind, aber genau das machte sie so sympathisch. Allein ihre Anwesenheit machte diesen grauen, kahlen Raum gleich so viel freundlicher. Flynns Zwicken im Bauch war wie weggepustet, auch ohne Wolkentaxi.

Vielleicht war die neue Schule doch gar nicht so schlecht, wie er bisher gedacht hatte.

Frau Bärwinske schaffte es mit Hilfe der Kinder, den Klassenraum innerhalb des Vormittags in eine gemütliche Lernoase zu verwandeln. Aber nicht nur der einst so graue Raum wurde immer freundlicher, auch die Stimmung untereinander war nun deutlich aufgelockert. Flynn konnte sich zwar keinen der Namen merken, aber wie sagte Opa immer – Rom wurde auch nicht an einem Tag erbaut - und schließlich hatte er dafür ja noch ganz viel Zeit.

Kurz vor Schulschluss versammelten sich alle Klassen in der Aula. Herr Baumgarten, der Direktor der Schule, ließ es sich nicht nehmen, die Schüler an diesem besonderen Tag noch einmal mit einer persönlichen Ansprache zu begrüßen, beziehungsweise zu verabschieden.

Aufgeregt setzte sich Flynn neben Frau Bärwinske, als es auch schon losging.

Stolz präsentierte Herr Baumgarten das gesamte Kollegium, gefolgt von der Geschichte der Schule – vom ersten Spatenstich bis zum heutigen Tag. Er erzählte vom Anbau des Südflügels, von seinem hart erkämpften Klettergerüst in Form eines Segelschiffs für den Pausenhof und von zukünftigen Planungen, für die er natürlich auch die Hilfe der neuen Schüler benötigen würde.

Flynn musste gähnen und warf einen Blick auf die große Wanduhr. Noch 10 Minuten, dann wäre der erste

Schultag endlich vorüber. Gefühlt hatte dieser Tag eine halbe Ewigkeit gedauert.

Flynn konnte es kaum erwarten, seinen Eltern von den Erlebnissen des ersten Schultages zu erzählen, als die Schulglocke endlich dem Direktor ins Wort fiel und die Veranstaltung beendete.

Lauter Beifall erfüllte die Aula, nach und nach leerte sich der Raum.

Flynn lief durch den kleinen Gang hinaus durch das bunte Regenbogentor der Schule und machte sich fröhlich auf den Weg nach Heimweg.

Nach einem kurzen Fußweg erreichte Flynn endlich sein Zuhause. Die Haustür öffnete sich, und seine Eltern begrüßten ihn mit einem Lächeln.

„Hallo Flynn, wie war dein erster Schultag?", fragte Mama neugierig.

Flynn strahlte und begann lebhaft von den Ereignissen des Tages zu berichten. Er erzählte vom Klassenraum, von der Aula-Versammlung, den Worten des Direktors, den Plänen für die Zukunft der Schule und natürlich auch von seinen neuen Klassenkameraden.

Seine Augen leuchteten vor Begeisterung, als er von dem Klettergerüst in Form eines Segelschiffs erzählte.

Papa hörte aufmerksam zu und nickte zustimmend. „Das klingt ja nach einem aufregenden Tag, Flynn! Wir sind so stolz auf dich.

Wie sind denn deine ersten Eindrücke von deiner Lehrerin und von den Mitschülern?"

Flynn überlegte einen Moment und antwortete dann:

„Frau Bärwinske ist mega nett, und ich habe schon ein paar coole Mitschüler kennengelernt. Wir haben uns in den Pausen gut verstanden."

Mama lächelte und sagte:

„Das freut uns zu hören, Flynn. Wenn du irgendwelche Fragen oder Sorgen hast, sprich einfach mit uns. Wir sind immer für dich da."

Er umarmte sie fest und sagte:

„Danke Mama. Habe ich dir heute eigentlich schon gesagt, wie lieb ich dich habe?" Mama lächelte und schüttelte den Kopf.

Flynn öffnete seine Arme soweit er nur konnte „soooooooooooooooooo lieb habe ich dich."

Und drückte seine Mama nun noch fester an sich.

„Dann lasse ich euch Kuschelmonster mal allein" sprach Papa Bär und schlurfte zufrieden in die gemütliche Wohnstube zurück.

Nach einem leckeren Abendessen und weiteren Erzählungen über den ersten Schultag, endete der Abend mit einer gemütlichen Familienzeit.

Obwohl, so ganz gemütlich und ruhig endete der Abend dann doch nicht, denn plötzlich klingelte es Sturm an der Haustür.

Erschrocken schauten sie in den Flur.

Sophie, Flynns kleine Schwester, hatte sich augenblicklich hinter dem Sofa versteckt.

Durch das Milchglas der Haustür erkannten sie schemenhaft zwei große Gestalten, die hektisch vor der Tür auf und ab sprangen.

„Papa", flüsterte Flynn,

„Findest du nicht auch, dass die komischen Schatten sich anhören wie Oma und Opa?"

„Jetzt, wo du es sagst, erkenne ich sie auch", erwiderte sein Vater leise.

„Aber warum springen die zwei wie ein Flummiball vor unserer Haustür herum, wo sie doch sonst immer über ihre alten Knochen jammern?"

Flynn zuckte mit den Schultern.

Die Türklingel hatte inzwischen ihren Geist aufgegeben und dudelte nur noch mit einem dumpfen Brummen vor sich hin, als Papa sich mutig auf den Weg zur Tür machte.

Vorsichtig öffnete er die Tür und steckte seine Nase hervor. Noch bevor er auch nur ein Wort sagen konnte, schubsten ihn Opa und Oma mit den Worten „Na endlich!" und einem genervten „Das hat ja ewig gedauert" zur Seite, und liefen aufgeregt in die Wohnstube.

Flynn fragte sich, ob die beiden das Geheimnis der ewigen Jugend gefunden hatten und deshalb so aufgeregt waren. Denn anders konnte er sich ihr Verhalten beim besten Willen nicht erklären.

Erwachsene konnten manchmal komisch sein.

„Ich rochiere, um meinen König zu sichern."

rief Opa laut und stellte eine alte Kiste auf den Tisch.

„Du machst was??? Ihr habt uns einen riesigen Schrecken eingejagt, und hier versteckt sich auch kein König, der gesichert werden muss."

Mama Bär funkelte die beiden mit einem bösen Blick an.

Opa strich liebevoll über die Kiste, bevor er sie andächtig öffnete.

Wortlos schauten die fünf ihm dabei zu.

Der Ärger war inzwischen der Neugier gewichen, und nun konnten sie es kaum erwarten, den Inhalt der Kiste zu sehen.

„Das Rochieren ist ein spezieller Zug im Schach, bei dem der König und ein Turm nacheinander bewegt werden." verkündete Oma mit stolzer Stimme, während Opa fast schon liebevoll die Papierschnitzel einzeln aus der Kiste zog und nach und nach alte Holzfiguren auf den Tisch stellte.

„Es gibt zwei Arten des Rochierens: die kurze Rochade, bei der der König zwei Felder nach rechts oder links bewegt wird und der Turm auf die andere Seite direkt neben dem König springt, sowie die lange Rochade, bei der der König zwei Felder nach rechts oder links bewegt wird und der Turm auf das Feld direkt neben dem König auf der anderen Seite springt.

Das Rochieren dient dazu, den König in Sicherheit zu bringen und gleichzeitig den Turm in eine aktivere Position zu führen."

„Papa, du willst mir doch jetzt nicht erzählen, dass ihr hier um diese Uhrzeit so ein Theater macht wegen eines blöden Schachspiels?"

Opa ließ augenblicklich die Schnipsel los und schaute seine Tochter böse an.

„Blödes Schachspiel? Dieses wundervolle, handgeschnitzte alte Spiel ist schon seit Generationen im Besitz unserer Familie.

Dein Urururururururuonkel, der alte Ferdinand Lubärus, hatte es seinerseits in England in seinem alten Schloss gefunden.

Piraten hatten das Schloss, lange bevor es sich im Besitz von Ferdinand befand, als Lager für ihre Schätze benutzt.

Die Piraten versteckten damals ihre Beute in einem alten Tunnel, der den alten Weinkeller mit der Dorfschänke verbunden hatte.

Eher zufällig hatte der alte Lubärus dieses Versteck entdeckt, als er den letzten Tropfen Honigwein aus einem der großen Weinfässer schlabbern wollte; das Fass rollte mit ihm davon und legte den geheimen Gang frei."

Inzwischen hatte Opa das Schachbrett samt Spielfiguren aus den Papierschnipseln befreit und begann damit, die Figuren einzeln zu begutachten und auf das Spielbrett zu setzen.

„Wir haben gedacht, es wäre damals bei unserem Umzug von Ottersdorf nach Bärstadt verloren gegangen." fuhr Oma fort.

„Der Transporter hatte damals einen schweren Unfall, und einige unserer Umzugskisten waren so kaputt, dass sie gleich vor Ort entsorgt werden mussten.

Wir dachten damals, dass auch das Schachspiel zerstört worden wäre.

Bis wir jetzt die alte Musiktruhe vom Boden geholt hatten, um mal wieder das Tanzbein zu schwingen und die alte Kiste darin entdeckten. Einer der Umzugshelfer muss sie damals dort hineingestellt haben. Ihr könnt euch gar nicht vorstellen, wie glücklich uns diese Entdeckung gemacht hat."

Flynn und Mama sahen sich an und mussten lachen.

„Also, wir haben da aufgrund eurer kleinen Showeinlage von eben einen klitzekleinen Verdacht." Oma funkelte sie böse an

„Na ich möchte euch mal sehen, wenn ihr so einen wertvollen, verloren geglaubten Schatz finden würdet."

„Aber es ist doch nur ein altes Brett mit ein paar Figuren und-" weiter kam Flynn nicht, denn Opa fiel ihm wütend ins Wort.

„Du hörst dich schon an wie deine Mutter.

Hast du jemals eine Partie gespielt?"

Flynn schüttelte den Kopf, Schach war für ihn so aufregend, wie Steinen beim Wandern zuzusehen.

„Schach ist doch nur was für Nerds." antwortete Flynn

„Für was?"

„Für NERDS Opa, für Langweiler." wiederholte er genervt.

„Du urteilst über etwas, ohne es zu kennen?"
Opa verschränkte die Arme vor der Brust.

„Schach ist wie ein Abenteuer auf einem Schachbrett und alles andere als langweilig. Ich mache dir einen Vorschlag, wir spielen eine Partie und wenn du danach immer noch behauptest, dass es ein Spiel für Nervs..." –

„Nerds, Opa" fiel Flynn ihm ins Wort.

„Ok, ein Spiel für Langeweiler ist, dann werde ich dich nieniemalsniewieder damit belästigen und deine Meinung akzeptieren, denn dann hast du es wenigstens versucht und weißt, wovon du sprichst."

Opa streckte Flynn die Hand entgegen.

„Aber Opa, ich kenne die Regeln doch gar nicht" gab Flynn zu bedenken und hoffte, dass die Sache damit erledigt wäre.

Opa war schließlich nicht gerade berühmt für seine Geduld.

Aber ganz das Gegenteil war der Fall.

Opa schob den alten Ohrensessel näher an den Tisch und begann mit seiner Erklärung.

Er nahm das alte Brett in die Hände „Das Schachbrett ist wie eine riesige Schachlandschaft mit 64 Feldern, die in 8x8 Reihen angeordnet sind. Es sieht aus wie eine Schachdecke in schwarz und weiß.

Jeder Spieler hat 16 Freunde, die aussehen wie kleine Soldaten und Königinnen. Die Soldaten stehen in einer Reihe vorne, im Spiel nennt man sie Bauern. Die Königin steht neben ihrem König."

Er nahm ehrfürchtig die Figuren in die Hand und begann damit, sie auf das Brett zu platzieren.

„Der König", er nahm eine der größeren Figuren in die Hand, „kann nur ein Feld auf einmal gehen, aber dafür in jede Richtung.

Die Königin kann überall hingehen - vorwärts, rückwärts, seitwärts, diagonal - sozusagen die Superheldin des Schachs." Flynn grinste.

„Die Bauern hier können geradeaus gehen, aber wenn sie jemanden schlagen wollen, gehen sie schräg über das Feld.

Der Turm kann vorwärts oder rückwärts gehen, aber auch seitwärts.

Der Läufer geht nur diagonal, wie ein Geher auf einer schrägen Straße.

Der Springer macht einen besonderen Sprung in Form eines „L". Er geht immer zwei Felder geradeaus und ein Feld seitwärts oder ein Feld geradeaus und zwei Felder seitwärts."

Beeindruckt folgte Flynn Opas Worten. Ob er sich das jemals merken konnte?

„Das Ziel ist es, den König deines Freundes zu „fangen". Wenn der König nicht mehr weglaufen kann, hast du gewonnen."

„Aaaaber... aufgepasst, manchmal kann der König in einem besonderen Schutzschild mit dem Turm schlüpfen - das nennt man Rochade. Es ist wie ein magischer Tanz zwischen König und Turm".

Flynn fiel es schwer, Opas Worten zu folgen.

„Wenn dein Freund „Schach! "ruft, bedeutet das, dass er deinen König im Auge hat. Dann musst du deinen König schnell in Sicherheit bringen!

Sollte er jedoch „Schachmatt!" rufen, hast du leider verloren. Dein König ist gefangen, und das Spiel ist vorbei."

Opa sah nun Flynns verzweifeltes Gesicht.

„Flynn, das hört sich jetzt vielleicht alles sehr verwirrend an, aber vertrau mir. Wenn wir erstmal mit der Partie anfangen, wird dir der Spielablauf immer verständlicher."

„Opa, ich glaube für heute bin ich schachmatt."

Flynn gähnte herzhaft und ließ sich auf das kuschelige Sofa fallen.

Die folgenden Tage vergingen wie im Flug, und Flynn fühlte sich inzwischen pudelwohl an seiner neuen Schule.

Die Nachmittage gehörten jedoch ganz dem Spiel der Könige, wie Opa es stolz nannte.

Max und Marie beschwerten sich schon, dass sie Flynn kaum noch zu Gesicht bekamen.

Aber Opa hatte inzwischen nicht nur einen kleinen schwarzweißen Funken in Flynn entzündet, nein, er hatte ein wahres Feuer für Schach in ihm entfacht.

Opa hatte einmal zu ihm gesagt:

„Schach ist nicht nur ein Gesellschaftsspiel zum Zeitvertreib, es ist mehr. Es ist ein Lebensgefühl. Es ist wie das Leben selbst. Du lebst nicht, um irgendwann der perfekte Mensch zu sein. Du lebst, um Erfahrungen zu machen, dich weiterzuentwickeln, und dazu gehört auch das Verlieren, denn dabei lernst du am meisten."

Als Opa das sagte, wurde er etwas wehmütig. Er schob das Schachbrett beiseite und schaute Flynn an.

„Als ich so alt war wie du, hatte ich einen besten Freund", begann er leise.

„Sein Name war Paul. Wir waren unzertrennlich. Nach Schulschluss trafen wir uns immer auf dem alten Dachboden der Schule, um eine Partie Schach zu spielen. Oft stellten wir uns vor, dass wir beide Könige wären und gegeneinander spielten, eine Art lebendige Schachfiguren.

Wir malten acht Zeilen und acht Spalten auf den Boden, und dadurch wurde der gesamte Dachboden unser Spielbrett."

Opa lächelte bei dieser Erinnerung, doch plötzlich veränderte sich sein Gesichtsausdruck. „Dann kam der große Tag. Wir planten zusammen mit unserem Lehrer ein großes Schachturnier an unserer Schule. Es sollte das Highlight des Schuljahres werden. Schachbegeisterte Kinder aus aller Welt kamen, um gemeinsam das Spiel der Könige zu spielen. Alles lief harmonisch, bis…"

Opa schluckte kurz, und Flynn schaute ihn fragend an.

„Bis Paul einen entscheidenden Fehler machte. Bisher war er immer ein guter Verlierer gewesen. Wie gesagt, eine Partie Schach ist kein Kampf auf Leben und Tod, sondern eine Gelegenheit zum Wachsen. Aber dieser Wettkampf hatte Paul verändert. Er wollte unbedingt gewinnen. In der vorletzten Runde passierte es dann. Flynn, habe ich dir schon die Berührt-Geführt-Regel erklärt?"

Flynn schüttelte den Kopf.

„Die Berührt-Geführt-Regel im Schach besagt, dass ein Spieler, sobald er absichtlich einen Spielstein berührt, mit diesem auch ziehen muss, sofern ein legaler Zug möglich ist. Wird also eine Spielfigur des Gegners berührt, muss diese – soweit dieser Zug möglich ist – geschlagen werden."

„Paul hatte versehentlich einen Spielstein berührt, wollte ihn aber nicht fortführen.

Er war so wütend, dass er das ganze Schachspiel durch den Raum warf und wütend den Raum verließ.

An diesem Tag hatte er aber nicht nur den Raum verlassen, er verließ auch mich. Es war zwischen uns nie wieder, wie vor dem Wettkampf."

Opa wischte sich eine Träne aus dem Gesicht.

„Mein Junge, ich weiß nicht, was in Paul an diesem Tag vorgegangen ist, aber wir dürfen bei all der Freude an diesem Spiel niemals vergessen, dass nicht das Gewinnen im Vordergrund steht. Bitte versprich mir das."

Flynn nickte eifrig.

Bisher hatte er das Schachspiel eher als eine wunderbare Gelegenheit gesehen, neue Strategien zu entwickeln und natürlich Zeit mit seinem Opa zu verbringen.

Dass man so einen Eifer zum Gewinnen entwickeln konnte, löste bei ihm eher Unverständnis aus.

„Opa, keine Sorge, ich werde nicht bei der nächsten Niederlage den Fehler bei anderen suchen, sondern meine Strategien neu überdenken."

Opa schaute ihn stolz an.

„Du hast das Spiel der Könige verstanden, mein kleiner König" er deutete eine Verbeugung an, schob das Schachbett wieder zurück und führte seinen nächsten Zug aus.

Flynn dachte an diesem Abend noch lange über Opas Erzählung nach. Wie konnte man nur so stur sein und unbedingt gewinnen wollen?

Sicherlich hatten die Jungs damals die Berührt-Geführt-Regel gar nicht gekannt, aber sie gehörte nun mal zu den Regeln. Unwissenheit schützt nun mal vor Strafe nicht. Doch wäre es denn wirklich eine Strafe gewesen? Hätte er dadurch die Partie verloren? Er hätte es doch versuchen können und im schlimmsten Fall einen neuen Versuch beim nächsten Wettkampf starten können.

Plötzlich hatte Flynn eine Idee. Hatte der Direktor nicht bei der Einführung in der Aula gesagt, dass man eigene Ideen zur Gestaltung des Schullebens einbringen konnte? Er lächelte. Gleich morgen würde er Frau Bärwinske von seiner Schachleidenschaft erzählen, und wer weiß, vielleicht könnte er ja mit ihrer Unterstützung eine Schach-AG gründen.

Er würde es so viel besser machen. Immerhin hatte er keinen Paul, und er kannte die Regeln.

Das waren doch beste Voraussetzungen für eine AG und vielleicht auch später für ein Schachturnier zum Jahrgangsabschluss.

Am nächsten Morgen eilte er noch vor Unterrichtsbeginn zu Frau Bärwinske und erzählte ihr aufgeregt von seiner Idee eine Schach-AG zu gründen.

Begeistert schaute sie ihn an und sagte, dass sie seine Idee auf jeden Fall in der nächsten Woche dem Direktor vorschlagen würde.

Flynn hätte sich eine schnellere Entscheidung gewünscht, aber er akzeptierte natürlich, dass solche Dinge mit dem Kollegium abgesprochen werden mussten.

Frau Bärwinske äußerte noch die Sorge, dass eine AG natürlich auch eine große Verantwortung sei und ob Flynn das allein schaffen könnte. Doch als er ihr versicherte, dass sein Opa ihm ganz bestimmt hilfreich zur Seite stehen würde, hatte sie keine Bedenken mehr. Opa würde er schon überzeugen können.

Voller Vorfreude machte sich Flynn am Nachmittag auf den Weg zu seinen Großeltern. Er konnte es kaum erwarten, Opa endlich von seiner Idee mit der Schach-AG zu berichten.

Als er die kleine Wohnstube seiner Großeltern betrat, erwartete Opa ihn nicht wie sonst am kleinen Holztisch, auf dem schon das Spielbrett auf sie wartete.

Sein Opa saß stattdessen in dem alten Sessel und hatte eine alte Holzkiste auf den Knien.

„Flynn, setz dich zu mir. Ich möchte dir etwas zeigen."

„Aber Opa, wollten wir nicht erst unsere Partie spielen?", erwiderte Flynn etwas ungeduldig.

Nun lag das jedoch wohl erst einmal auf Eis.

Was war nur passiert? Wir haben doch jeden Nachmittag um diese Uhrzeit gespielt...

„Flynn, nun komm schon, setz dich endlich zu mir." Opas Worte rissen Flynn ruckartig aus seinem Gedankenkarussell.

Er setzte sich zu Opas Füßen und schaute etwas genervt zu ihm hoch.

„Wir hatten uns doch über Paul unterhalten", sagte Opa und reichte Flynn ein altes, vergilbtes Foto. Das Foto zeigte zwei kleine Bärenjungen, die um die Wette strahlten. Sie wirkten so glücklich, so vertraut miteinander, wie nur beste Freunde es konnten. Im Hintergrund erkannte Flynn das Regenbogentor der Schule.

„Opa, warst du etwa auch ein Schüler meiner Schule? Wie cool ist das denn!

Dann wird dich meine Idee bestimmt aus den Socken hauen..." Weiter kam Flynn nicht.

„Paul und ich waren die weltallerbesten Freunde", fiel Opa ihm ins Wort. „Bis zu jenem Tag, als Paul alles kaputt gemacht hat. Von diesem Tag an gingen wir uns aus dem Weg. Jeden Morgen, wenn ich durch das Regenbogentor ging, wurde ich schmerzlich an unsere

Freundschaft erinnert. Zu einer Aussprache ist es nie gekommen; Er ging mir aus dem Weg, und wenn wir uns doch zufällig begegneten, schaute er durch mich hindurch.

Irgendwann schloss ich mit der Freundschaft ab. An meiner, ach ja, jetzt auch deiner Schule, habe ich nicht nur viel über Mathematik und Grammatik gelernt, sondern auch schmerzhaft erfahren, dass Freundschaften sich verändern können."

Flynn sah ihn mit traurigen Augen an.

Liebevoll streichelte Opa Flynn über den Kopf. „Aber weißt du was, mein Junge? Paul hatte mich zwar verletzt, doch an diesem Tag konnte er mir eines nicht nehmen: meine Liebe zum Schach. Gerade das Spiel, das uns getrennt hatte, sorgte dafür, dass ich wieder offen für neue Freundschaften wurde. Ich wurde zwar vorsichtiger, aber glaub mir mein Junge, du siehst nirgendwo besser den wahren Charakter, als bei einem Spieler, der verliert. Das hatte ich bei Paul gelernt"

„Ach Opa, ich finde es so traurig, dass ihr euch niemals ausgesprochen habt." Wortlos legte Opa das Foto zurück in die Kiste und schloss den Deckel.

„Wollen wir jetzt mit unserer Partie starten. Wir wollen doch die königlichen Herrschaften nicht länger warten lassen." Mit einem Augenzwinkern stand Opa aus seinem alten Sessel auf.

„Also, Opa, ich wollte dir auch etwas erzählen." Er räusperte sich kurz und stand auf. „Wir dürfen uns

aktiv am Schulalltag beteiligen, und da habe ich mir so
überlegt, ob ich und du... ach Mist, du und ich, der Esel
nennt sich ja nicht zuerst... ob du und ich vielleicht..."

Flynn stoppte kurz, während sein Opa ihn
misstrauisch mit großen Augen hinter seiner Brille
ansah.

„Also, was hältst du davon, wenn wir beide eine
Schach-AG in der Schule gründen?" Jetzt war es raus.
„Du hast mir so viel beigebracht und gezeigt, dass
Schach kein Spiel für Langweiler oder Nerds ist. Das
dachte ich früher nämlich immer. Aber du hast mir
gezeigt, wie spannend und vielseitig dieser Sport ist.
Und wer weiß, vielleicht können wir sogar ein großes
Schulschachturnier auf die Beine stellen."

Flynn hörte gar nicht mehr auf zu reden. Dass Frau
Bärwinske diese AG noch gar nicht genehmigt hatte,
erwähnte Flynn mit keinem Wort.

Opa ließ sich wortlos zurück in seinen Sessel
plumpsen.

Flynn musste kurz darüber nachdenken, ob das jetzt
ein gutes oder eher ein schlechtes Zeichen war.

„Ich denke, der alte graue Bär hat an der Schule nichts mehr verloren. Zu groß ist die Wunde, die Paul mir dort zugefügt hat. Meine Zeit an dieser Schule ist vorbei. -Für immer!"

„Aber Opa, du hast jetzt die einmalige Chance, dein negatives Erlebnis von damals in ein gutes Gefühl umzuwandeln. Paul ist nicht mehr dort, er kann dich nicht mehr verletzten. Du kannst deine Schachleidenschaft an so viele Schüler weitergeben und mit der Zeit wirst du gar nicht mehr an Paul denken."

„Vielleicht hast du damit gar nicht mal so Unrecht", sagte Opa nachdenklich und schob seine Brille hoch, während er grübelte. „Wie hast du dir das denn vorgestellt?"

Flynn erzählte ihm von seinem Gespräch mit Frau Bärwinske.

Anfangs wollte Opa noch abwarten, bis sie die Zusage der Schule erhielten, aber ein wenig Träumen konnte ja nicht schaden.

Und so verbrachten die beiden den restlichen Nachmittag damit, ihre Gedanken zu ordnen und Pläne zu schmieden.

Sie diskutierten angeregt darüber, wie sie Opas Schachleidenschaft nutzen könnten, um etwas Positives zu bewirken. Doch trotz ihrer sorgfältigen Planung konnten sie nicht ahnen, dass sich alles noch ganz anders entwickeln würde.

Die Zukunft hielt nämlich eine Überraschung bereit, die ihre Vorstellungen weit übertreffen sollte.

Es sollte noch ganze drei Wochen dauern, bis Frau Bärwinske Flynn endlich den Startschuss für die Schach- AG der Schule gab.

Manchmal konnte Flynn es kaum glauben. Hätte ihm das jemand am ersten Tag an der Schule erzählt, hätte er ihn sicher ausgelacht.

Die AG sollte fortan immer einmal in der Woche stattfinden. Flynn hatte damit gerechnet, dass anfangs eher weniger Schüler daran interessiert sein würden, aber genau das Gegenteil war der Fall.

Die Anmeldeliste war inzwischen so lang, dass es sogar eine Warteliste gab.

Die Schule stellte alle benötigten Materialien zur Verfügung, und Woche für Woche hieß es von nun an: „Die Spiele sind eröffnet". Zwar waren die Schachfiguren nicht so wunderschön wie die handgemachten von Opa, aber das war eigentlich ganz nebensächlich. Die Kinder hatten so viel Freude daran, immer wieder neue Strategien zu entwickeln, und Opa wurde nicht müde, alle Fragen zu beantworten.

Ganz besonders stolz war Flynn, dass sich nach kurzer Zeit auch Schachfreundschaften über die AG-Zeiten hinaus entwickelt hatten.

Eines Tages betrat Opa den Klassenraum mit der alten Kiste, die Flynn bereits von zuhause kannte.

„Kinder, heute möchte ich euch eine ganz besondere Geschichte aus meiner Schulzeit erzählen", verkündete er stolz und öffnete den Deckel der Kiste. „Wie ihr wisst, war ich vor einigen Jahren selbst Schüler an dieser Schule." Die Kinder kicherten leise. „Nun gut, es war vor vielen, vielen Jahren", korrigierte er sich und grinste wie ein kleiner Bärenjunge.

Er nahm einige Fotos in die Hand und hielt sie vor seinen Bauch, damit die Kinder sie besser sehen konnten.

„Hier bin ich mit meiner Klassenlehrerin, Frau Löwenzahn", erklärte er und zeigte auf eine kleine graue Bärendame, die an einem alten Holzschreibtisch saß und streng über ihre Brille in die Kamera sah. „Dieses Foto entstand bei den Sport-Sommerspielen. Ich bin der schmächtige Kerl hinten links mit den weißen Tennissocken. Meine Mama zog mir diese doofen Dinger morgens immer bis zu den Knien hoch."

„Na, da fehlten dir nur noch plüschige Bäriletten und du hättest das perfekte Tanzoutfit gehabt", rief eines der Kinder. Die ganze Klasse lachte. Opa Bär, der einen ausgeprägten Sinn für Humor hatte, lachte ebenfalls und zog feierlich eine Postkarte aus dem Stapel. „Kinder, beruhigt euch. Schaut mal hier, diese Postkarte habe ich von meiner damaligen Brieffreundin bekommen. Sie hat sie mit einer ganz besonderen Tinte, die duftet, geschrieben."

Er schnupperte an der Postkarte und verkündete: „Sie duftet noch heute ganz zart nach Vanille. Wollt ihr auch mal daran schnuppern?" Das ließen sich die Kinder nicht zweimal sagen; sie sprangen von ihren Stühlen auf und liefen auf ihn zu.

Während die Kinder die Postkarte bewunderten, sah eines der Kinder in die Kiste und entdeckte das alte Foto von Opa und Paul.

„Wer ist denn das hier?" fragte Emma neugierig und zeigte auf das Foto. „Das ist niemand", antwortete Opa und wollte gerade die Kiste verschließen, als das kleine Bärenmädchen blitzschnell das Foto in ihre Hände nahm.

„Aber das bist doch du, ich erkenne dich an den Socken", stellte sie mit einem frechen Grinsen fest. „Das ist doch bestimmt dein bester Freund gewesen, oder?" Opa nickte stumm. Er blickte auf das Foto und sah, wie er mit Paul an einem der Schachturniertische saß. „Bitte erzähl uns auch die Geschichte zu diesem Foto", sagte Emma und hielt ihm das Foto vor den Bauch.

Opa erzählte den Kindern an diesem Nachmittag seine Geschichte, wie er die Liebe zum Schachspiel entdeckte, wie er ein Herz und eine Seele mit Paul war und wie das Schachturnier alles verändert hatte.

Emma drückte Opa fest an sich und flüsterte leise: „Das mit Paul tut mir so leid. Aber weißt du was, wie wäre es, wenn wir auch ein Schachturnier an unserer, also deiner alten Schule veranstalten würden? Wir werden es so viel besser machen als der olle Paul. Und wer weiß, vielleicht liest er das dann in der Zeitung und ärgert sich so sehr, dass ihm alle Haare von seiner dicken Bärennase fallen."

Die anderen Kinder sprangen von ihren Plätzen auf und jubelten im Chor: „Turnier, Turnier! Wir veranstalten ein Turnier!"

„Kinder, beruhigt euch. Wir können doch nicht einfach so ein Schachturnier veranstalten", mahnte Opa.

„Das überlassen Sie mal mir", rief Frau Bärwinske Opa Bär zu. Durch das laute Johlen der Kinder war sie angelockt worden und hatte der Unterhaltung schon eine Weile unauffällig im Türrahmen gelauscht.

„Ich finde die Idee der Kinder großartig und werde mich um alle notwendigen Formalitäten kümmern. Vorausgesetzt natürlich, Flynn und Sie möchten das auch? Immerhin sind Sie beide die Leiter dieser AG."

Opa schaute zu Flynn hinüber, der heftig mit dem Kopf nickte.

Opa atmete tief durch.

„Also, Frau Bärwinske, dann würde ich sagen, lassen Sie uns die Spiele beginnen."

Die Kinder jubelten, und schon bald waren alle eifrig mit der Planung der Veranstaltung beschäftigt.

Das Schachturnier sollte das Highlight zum Schuljahresende werden. Wochenlang waren die Kinder damit beschäftigt, für den großen Tag zu üben und Einladungen an andere Schulen zu versenden. Nach und nach trudelten die Zusagen für den großen Tag ein. Die Schule hatte sogar ein paar Präsente für die ersten drei Plätze bereitgestellt.

Aber Opa hatte noch eine ganz besondere Idee. Für das große Finale würde er sein altes Schachspiel, das er von Ferdinand Lubärus geerbt hatte, zur Verfügung stellen.

Bis es so weit war, würden sie es in der Glasvitrine im Speiseraum für alle gut sichtbar präsentieren.

Voller Stolz trug Opa am Abend vor dem Turnier die Kiste mit den Spielfiguren durch das Regenbogentor, als ihm der seltsame Blick des Hausmeisters auffiel, der gerade dabei war, das Banner für die Veranstaltung über der Eingangstür zu befestigen.

„Komischer Kauz. Er kommt mir so bekannt vor, obwohl ich ihn gar nicht kenne. Wenn ich nur wüsste, wo ich diese Augen schonmal gesehen habe."

Opa grüßte ihn, aber anstatt seinen Gruß zu erwidern, zog sich der Hausmeister seine Mütze tiefer ins Gesicht und stieg eine Stufe höher auf der Leiter.

Im Speiseraum wurde er schon von Frau Bärwinske erwartet. Sie öffnete die Glastüren und knipste die kleine Lampe an. Vorsichtig nahm Opa die Figuren aus der alten Kiste und positionierte sie auf dem alten Schachbrett.

„Ach, wie wunderschön das aussieht. Wir sind sehr stolz und dankbar, dass Sie uns dieses alte Erbstück zur Verfügung stellen. Ich verspreche Ihnen, dass wir gut darauf aufpassen werden und niemand vor dem großen Finale diese Vitrine öffnet." Sie lächelte und kramte aus ihrer Latzhose einen kleinen Schlüssel hervor.

„Und damit wir auch ganz sicher gehen, dass nichts verloren geht, haben wir extra ein kleines Schloss besorgt."

Nun war Opa beruhigt. Er hatte doch etwas Bauchschmerzen gehabt, immerhin hing sein Herz an diesen alten Figuren.

Aber er hatte es den Kindern versprochen, und versprochen ist versprochen und wird auch nicht gebrochen.

Endlich war der große Tag gekommen.

Flynn konnte es kaum glauben, was sich aus ihrer kleinen Idee mit der Schach AG entwickelt hatte.

Von weit her reisten die Teilnehmer an, nur um an „ihrem" Schachschulturnier teilzunehmen.

Das Regenbogentor der Schule erstrahlte heute
in einem besonderen Glanz, denn so vielfältig
wie die Farben, waren auch die Schüler, die heute
hindurchschritten.

Nach und nach fanden alle Gäste ihren Platz in der
geräumigen Aula.

Mit einer feierlichen Rede eröffnete Herr Baumgarten
voller Stolz die Schulschachmeisterschaft von Bärstadt.

Nun waren Flynn und Opa an der Reihe.

„Schachspielen ist wie ein spannendes Abenteuer im Leben", fing Opa an. „Jeder Zug, den wir machen, ist wie ein kleines Puzzleteil, das entscheidet, wie unsere Reise weitergeht. Genau wie im Leben müssen wir gut überlegen, welche Entscheidungen wir treffen, denn sie beeinflussen, was als Nächstes passiert. Jeder Schritt öffnet neue Türen und bringt uns auf eine aufregende Reise voller Überraschungen und Herausforderungen. Also lasst uns heute unser Schachspiel genießen und sehen, wohin uns unsere klugen Entscheidungen führen!"

Tobender Applaus erfüllte den Saal. Flynn wurde ganz flau im Magen. Dieser Augenblick war so schön, aber irgendwie auch so unwirklich. Geschah das alles wirklich? War das vielleicht alles nur ein Traum? So wie damals, als er von den backenden Engelchen geträumt hatte. Er kniff sich in den Arm. Ein lautes „Autsch" rutschte ihm versehentlich heraus und Opa schaute ihn mit einem fragenden Blick an. „Ist alles okay bei dir?" flüsterte er. Flynn nickte stumm und rieb sich mit einem Lächeln über den Arm.

„Als ehemaliger Schüler und Leiter unserer Schach-AG, die ich zusammen mit meinem lieben Enkel Flynn leite, möchte ich euch noch mitteilen, dass unser heutiges Finale mit einem ganz besonderen Schachbrett gespielt wird. Es ist ein altes Familienerbstück und ist für mich von unschätzbarem Wert.

Frau Bärwinske war so freundlich und hat es bis zum Finale in der Glasvitrine im Speisesaal ausgestellt. Dort dürft ihr es euch gerne anschauen.

Und nun wünschen wir euch ganz viel Freude und tolle Begegnungen."

Begeistert klatschten die Gäste in die Hände.

Flynn hatte in der Zwischenzeit die Zettel mit den Auslosungen verteilt. Auf denen war notiert wer mit wem spielt, die Brettnummer und mit welcher Farbe der Teilnehmer spielt.

Als alle Kinder ihre Plätze eingenommen hatten, herrschte fortan absolute Turnierruhe in der Aula.

Flynn machte sich auf den Weg zu Frau Bärwinske, um den Schlüssel für die Vitrine zu holen. Voller Stolz würde er dann mit Opa das Schachspiel auf der kleinen Bühne in der Aula aufstellen, damit das große Finale dort stattfinden konnte.

Doch weit kam er nicht, denn auf halbem Weg begegnete ihm Frau Bärwinske mit schnellen Schritten und hochrotem Kopf. Sie fasste Flynn am Arm und keuchte:

„Die Könige... sie sind weg. Sie sind verschwunden! Irgendjemand muss sie aus der Vitrine entwendet haben." Ungläubig schaute sie auf den Schlüssel in ihrer Hand. „Es gibt nur diesen einen Schlüssel, und der hing die ganze Nacht in meinem Büro." Sie war den Tränen nah.

Flynn wusste nicht, was er tun sollte. Die Schachfiguren konnten sich doch nicht einfach in Luft aufgelöst haben.

Er ließ Frau Bärwinske stehen und lief zur Vitrine. Flynn musste sich selbst davon überzeugen, vielleicht hatte Frau Bärwinske die Könige nur übersehen.

Leider hatte sie die Figuren nicht übersehen, denn auch Opa war inzwischen im Speisesaal angekommen und hatte den Diebstahl bemerkt.

„Flynn", flüsterte er, „Bitte sag, dass das nicht wahr ist."

Frau Bärwinske war Flynn gefolgt und stand nun nach Luft ringend hinter ihm.

„Die Vitrine ist unbeschädigt, und der Schlüssel hing die ganze Nacht in meinem verschlossenen Büro", versuchte sie sich zu erklären. „Der Einzige, der noch Zugang zu diesen Räumen hat, ist der Hausmeister, aber den kann ich nirgendwo finden. Er ist wie vom Erdboden verschluckt. Er würde doch nicht etwa damit zu tun haben? Das ergibt doch gar keinen Sinn..."

„Stopp", fiel Opa ihr ins Wort, „Der Hausmeister hatte Zugang zu Ihrem Büro?"

„Ja, aber er stibitzt doch keine Schachfiguren. Niemand würde das tun. Warum denn auch!?"

Opa beschrieb Frau Bärwinske den Mann auf der Leiter, den er am Eingang der Schule gesehen hatte, und fragte, ob diese Beschreibung auf den Hausmeister passte.

Sie bejahte, und plötzlich traf ihn fast der Blitz. Jetzt fiel ihm wieder ein, wo er diese Augen schon einmal gesehen hatte.

Ohne ein Wort zu sagen, lief er los. Sein Herz schlug bis zum Hals. Er kannte den Weg. Hier hatte sich nichts verändert. Opa fühlte sich wieder wie der kleine Junge von damals. Hastig lief er durch die Gänge hinauf in den 3. Stock. Eine kleine Holztreppe führte auf den alten Dachboden. Normalerweise verirrte sich hier kein Schüler her, aber ihm war dieser Weg so vertraut. Er war ihn doch so oft gegangen... mit Paul. Die Gedanken in seinem Kopf überschlugen sich. Leise öffnete er die alte Tür. Es roch so vertraut, genauso wie er den Dachboden in Erinnerung hatte. Er sah die alten Landkarten, das Skelett, das sie Bodo getauft hatten, und plötzlich sah er ihn. Er stand mit dem Rücken zu ihm vor dem kleinen runden Fenster.

„Dreh dich um, du Feigling! Ich weiß, was du getan hast." Sein Gegenüber bewegte sich keinen Millimeter. „Paul, das Spiel ist aus! Gib mir meine Figuren zurück", platzte es aus dem alten Bären heraus.

Paul drehte sich um.
Beide blickten sich wortlos an.

Paul nach so langer Zeit wiederzusehen, löste in Opa ein unglaubliches Gefühlschaos aus. Auf der einen Seite hatten sie als Kinder hier oben so viele wunderschöne Momente erlebt. Fast kam es ihm vor, als würde ihr Lachen noch von den Wänden hallen. Aber auf der anderen Seite stand der Streit und nun auch noch der Diebstahl der Figuren.

„Berni", sagte Paul leise.

Aber nun war Opa erst recht wütend und korrigierte ihn lautstark: „Mein Name ist Bernhard! Nur meine Freunde dürfen mich Berni nennen, und dazu zählst du ja ganz bestimmt nicht mehr!"

Eine dicke Träne rollte über Pauls Gesicht.

„Ich habe es vermasselt! Ich habe es schon wieder vermasselt. Ich bin so ein verdammter Idiot!" schrie Paul und drehte sich weg. Niemand sollte seine Tränen sehen.

Opa sah, dass Paul die zwei Könige auf die alte Holzkiste unter dem Fenster gestellt hatte. Früher war das immer ihr Tisch gewesen.

„Nimm sie und verschwinde. Geh und lass dich feiern, so wie damals", sagte Paul mit trotziger Stimme.

„ICH habe mich nicht feiern lassen", korrigierte Opa ihn. „DU hast dich nicht an die Regeln gehalten und bist ausgeflippt. Damit war das Spiel für dich vorbei. Was hätte ich denn damals machen sollen? Auch das Turnier beenden?"

„Ja, ich habe einen Fehler gemacht und ja, ich hätte damals anders reagieren sollen. Aber in diesem Moment dachte ich einfach nicht nach und hätte mir Trost und Beistand von meinem besten Freund gewünscht, auch wenn es vielleicht nicht richtig gewesen wäre. Das verstand ich später, aber da war es zu spät. Ich war in diesem Moment so hilflos, ich war überfordert und… allein."

Paul sah ihn mit großen Augen an.
Aus dieser Sicht hatte er es noch nie gesehen.
„Deine damalige Reaktion hat uns alle überfordert. Eigentlich wollte ich mich danach mit dir aussprechen, aber du bist mir aus dem Weg gegangen", flüsterte Opa kaum hörbar.

„Weil ich mich geschämt habe! Ich stand mit dem Rücken zur Wand. Für die ganze Schule war ich nur noch eine Lachnummer, also versuchte ich mich unsichtbar zu machen. Was hätte ich denn auch machen sollen? Du hättest mir ganz sicher nicht zugehört."

„Warum denkst du das von mir? Wir waren doch beste Freunde. Vielleicht hätten klare Worte, du hättest sie mir auch in einen Brief packen können, damals schon diese blöde Situation zwischen uns geklärt. So war unsere Freundschaft am Ende dann auch noch wie ein Schachspiel... wir waren schachmatt." traurig strich Opa über den König, der auf der Truhe stand.

„Paul", sagte er mit sanfter Stimme. „Vielleicht wird es Zeit, die Partie von damals zu beenden. ‚Entweder du gewinnst, oder du lernst' - das war doch immer unser Motto... hier oben auf dem Dachboden. Ich glaube, wir haben beide genug gelernt. 50 Züge bedeuten ein Remis, und wir haben 50 Jahre gebraucht."

Er reichte Paul die Hand.

Gemeinsam gingen die beiden alten Bären in die Aula, vorbei an den Tischen, wo die Kinder noch fleißig Schach spielten.

Flynn hatte inzwischen Opas altes Schachspiel oben auf der Bühne aufgebaut. Auch wenn das Finale ohne Könige nicht auf diesem Brett stattfinden könnte, so würde es doch ein schönes Bild bei der Siegerehrung abgeben, dachte er.

Da erblickte er seinen Opa.

„Opa, ist das etwa…?"

„Flynn, die zwei alten Könige sind wieder da" antwortete er und zwinkerte Flynn zu.

Den restlichen Tag sah man nur noch strahlende Gesichter.

Das Schachturnier von Bärstadt war ein voller Erfolg. Frau Bärwinske hatte sich von ihrem Schock erholt und wagte am Ende sogar eine kleine Partie Schach mit Paul. Da die beiden nicht am Turnier teilnahmen, gab ihr Opa ab und zu mal einen Tipp. Alle Teilnehmer waren sich einig, dass sie diese Veranstaltung im nächsten Jahr unbedingt wiederholen wollten.

Am Montagmorgen saß Flynn wieder in seinem Klassenraum und wartete verträumt auf den Unterrichtsbeginn. Der Raum war jedoch nicht mehr kalt, und die Gesichter waren ihm nicht mehr fremd.

Gemeinsam hatten sie die Räume der Schule mit Leben, Liebe und ganz wichtig, mit Erinnerungen gefüllt.

Flynn blickte hinaus zu dem alten Kastanienbaum.
Er musste immer an Opas Worte denken.

-Du verlierst nie! Entweder du gewinnst oder du
lernst-

Genau wie im richtigen Leben.

In liebevoller Erinnerung an Günther Bema

SCHACH-RÄTSEL

Flynns Schach-Quiz für Schlaubären

Idee & Text Ralph Bogacz

Lies dir diese Geschichte aufmerksam durch. Sie wird dir helfen, die Rätselfragen zu lösen. Nimm danach die Buchstaben mit den Zahlen von 1 bis 10 und übertrage sie an der richtigen Stelle in das Lösungswort.

Ein König lebt mit seiner Frau, der Dame, in einer riesigen Burg, die von zwei Türmen umgeben ist. Sie haben Gefolgsleute wie Läufer und Bauern sowie Pferde, die als Springer bezeichnet werden.

Eines Tages beginnt ein Kampf gegen das benachbarte Königreich, welches über dieselbe Stärke verfügt. Hierbei achten alle auf die nachfolgenden Spielregeln.

Der König darf immer nur ein Feld in alle Richtungen gehen, die Dame auch nur eben so weit wie sie kann. Sie ist damit die mächtigste Figur.

Die Türme dürfen nur gerade ziehen und die Läufer nur schräg.

Der Springer kann sich L-förmig bewegen. Das heißt entweder eins gerade und zwei schräg oder zwei gerade und eins schräg.

Für die Bauern gelten die schwierigsten Regeln. Er darf von seinem Startplatz aus ein oder zwei Felder gehen, aber nur schräg schlagen. Danach geht es für ihn leider nur noch in Einzelschritten voran.

Für alle gilt, wenn eine Figur geschlagen wird, nimmt die gegnerische Figur diesen Platz ein.

Weiß beginnt das Spiel. Danach führt jeder Spieler abwechselnd einen Zug aus.

Man sollte darauf achten, die Leichtfiguren Springer und Läufer möglichst zuerst in den Kampf zu schicken und die Rochade auszuführen, um den eigenen König hinter den Bauern zu schützen. Dafür geht der König zwei nach links oder rechts und der Turm stellt sich noch im selben Zug neben ihn auf die innenliegende Seite. Dadurch wird der König von innen geschützt.

Greift eine Figur den König an, steht dieser im Schach.

Gewonnen hat derjenige, der den gegnerischen König Schachmatt gesetzt hat, der König also von einer Figur angegriffen wird, aber keine Möglichkeit mehr besitzt, ein Feld zu finden, in dem er nicht auch im Schach steht.

Ist eine Stellung entstanden, bei der der König nicht im Schach steht und dennoch kein Feld hat, ist die Partie Patt, also Unentschieden. Unentschieden ist die Schachpartie auch, wenn keiner mehr die Möglichkeit hat zu gewinnen. Das nennt man dann Remis.

Die Figuren:

1. Hier steht das Schachbrett fertig aufgebaut.
Wie heißen die beiden stärksten Figuren?

8

— — — —

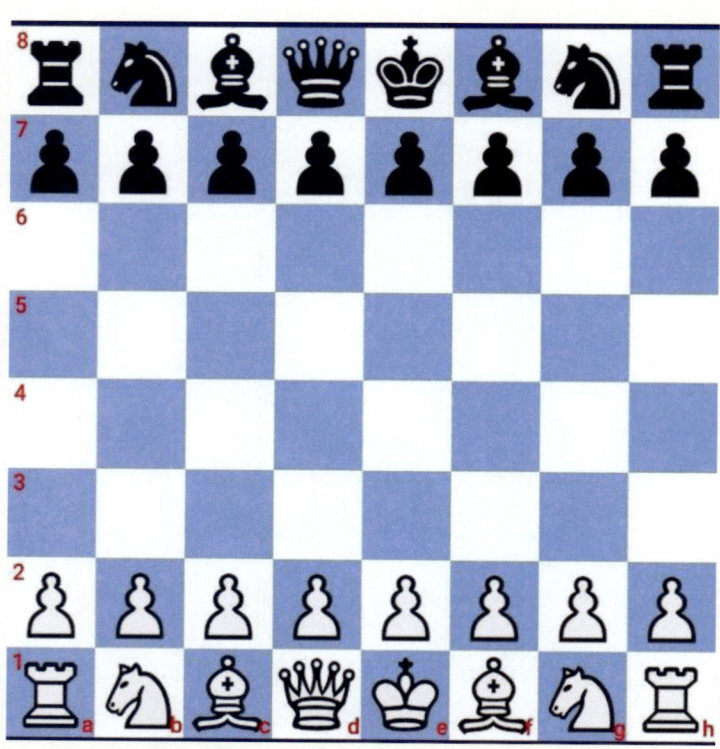

2. Welche beiden Figuren sind falsch aufgebaut?

9

___ ___ ___ ___

4

___ ___ ___ ___

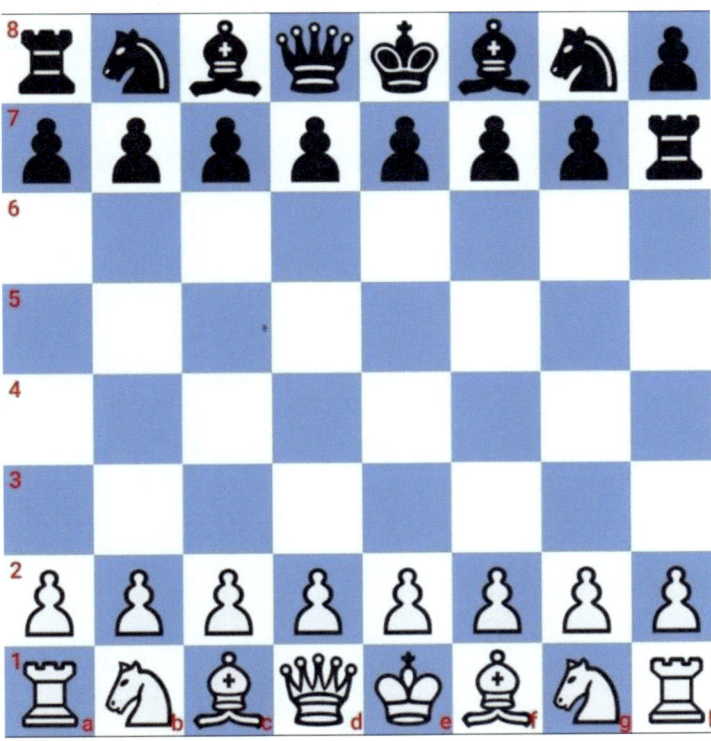

3. Wie nennt man den Zug, bei dem zwei
Figuren gezogen werden dürfen?

$$\frac{}{} \frac{}{} \frac{5}{} \frac{}{} \frac{3}{} \frac{}{} \frac{}{} \frac{}{}$$

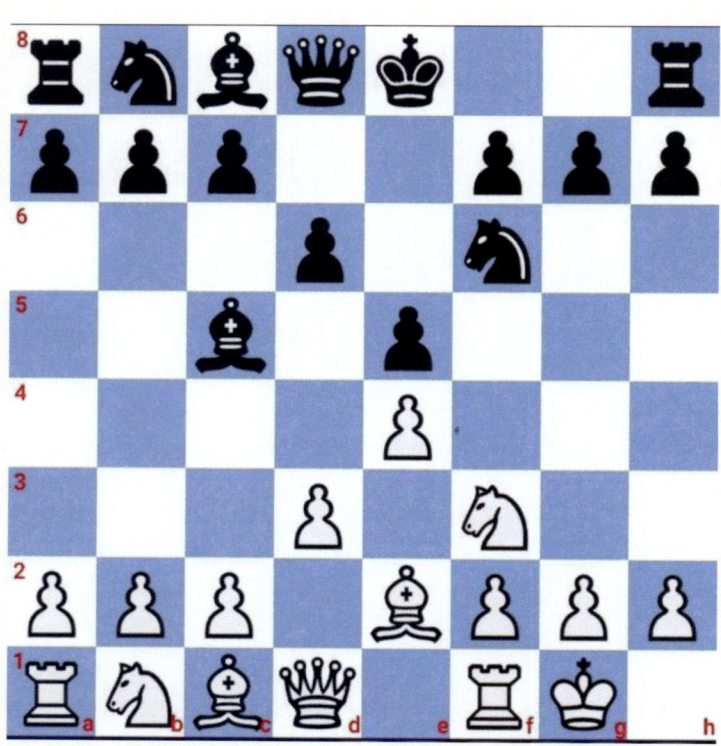

4. Welche weiße Leichtfigur hat hier noch nicht gezogen?

1

_ _ _ _ _ _ _ _

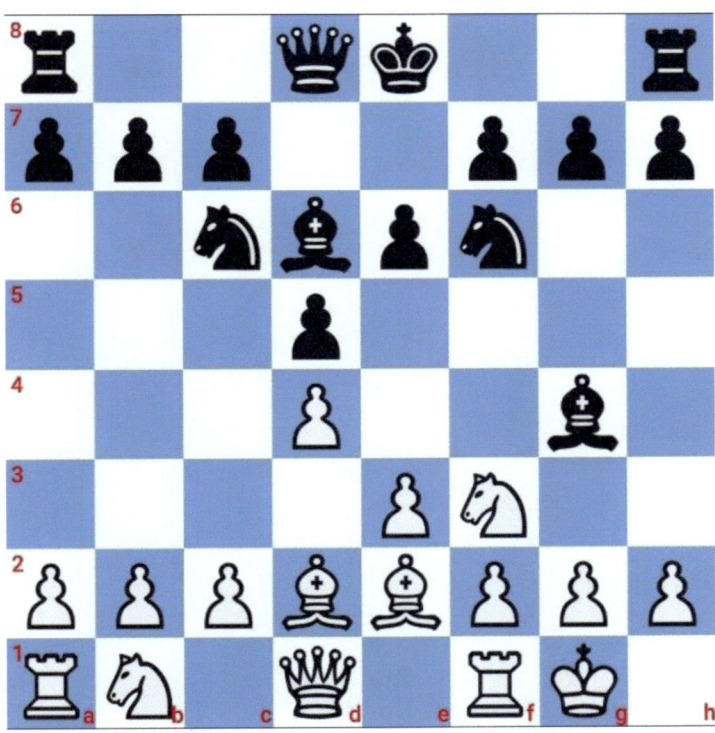

5. Wie sagt man, wenn der König von einer Figur angegriffen wird?

2   6

___   ___   ___   ___   ___   ___

6. Wie nennt man das Spielergebnis, bei dem
   nur noch beide Könige auf dem Feld stehen?

7

— — — — —

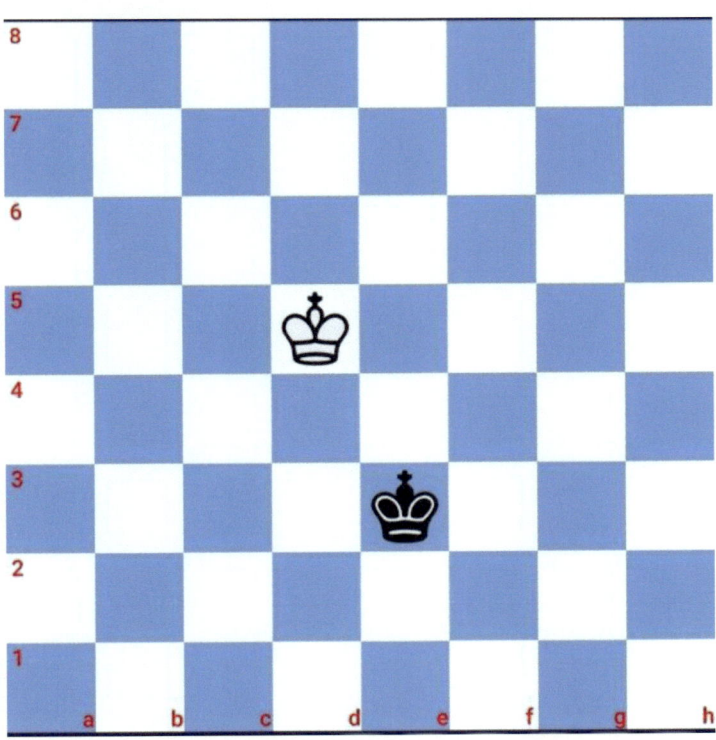

7. Wie nennt man das Ergebnis, bei dem Weiß
am Zug kein Feld für den König hat ohne
im Schach zu stehen?

10

___ ___ ___ ___

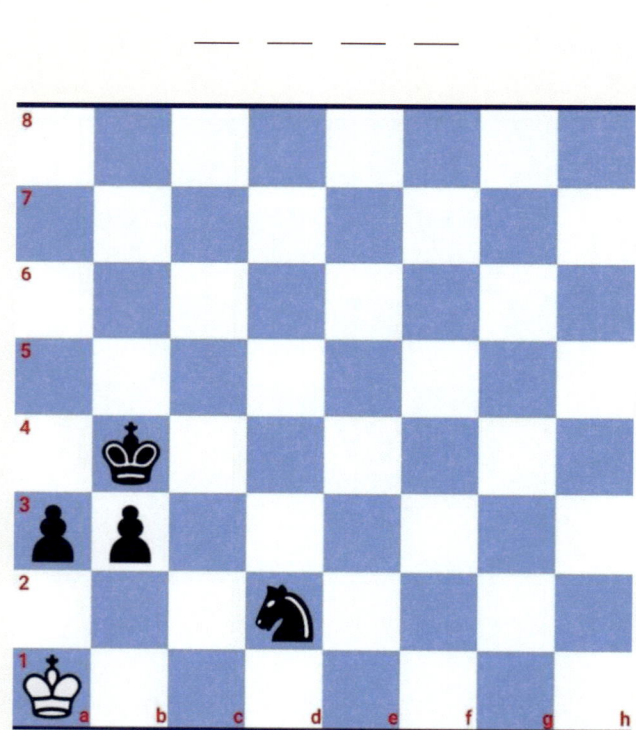

Lösungswort:

1   2   3   4   5   6   7   8   9   10

___ ___ ___ ___ ___ ___ ___ ___ ___ ___

DANKSAGUNG

Ein herzliches Dankeschön an Alexandra Streubel und Ralph Bogacz für eure wertvolle Zeit und eure kritischen Anmerkungen als meine Testleser.

Eure Unterstützung und euer Engagement haben mir geholfen, mein Werk zu verbessern und neue Perspektiven zu gewinnen.

Ein ebenso großes Dankeschön geht an meine Familie und all die Menschen, die mich auf meinem Weg begleitet haben, sowie an meine treuen Leser, die mir stets den Rücken stärken.

Eure Unterstützung und Ermutigung bedeuten mir sehr viel und treiben mich an, immer weiterzumachen.

Mit dankbaren Grüßen,
Mirjam Jasmin Strube